Impressum
Verlag: BABADADA GmbH, Nedderfeld 112 , 22529 Hamburg
Geschäftsführer / Verlagsleitung: Harald Hof
Druck: Books on Demand GmbH, In de Tarpen 42, 22848 Norderstedt

Imprint
Publisher: BABADADA GmbH, Nedderfeld 112 , 22529 Hamburg, Germany
Managing Director / Publishing direction: Harald Hof
Print: Books on Demand GmbH, In de Tarpen 42, 22848 Norderstedt, Germany

учиона
klassnaâ komnata

делити
deliť

186/2

плоча
doska

школско двориште
škol'nyj dvor

наставник
učiteľ

папир
bumaga

писати
pisať

хемијска оловка
ručka

саћи стол
pis'mennyj stol

лењир
linejka

књига
kniga

ученик
učenik

торба

ranec

перница

penal

графитна оловка

karandaš

шиљило за оловке

točilka

гумица за брисање

lastik

блок за цртање

al'bom dlâ risovaniâ

цртеж

risunok

кист

kistočka

кутија са бојама

korobka krasok

маказе

nožnicy

лепило

klej

бележница

tetrad'

домаћи задатак

domašnââ rabota

број

cyfra

сабирати

pribavlât'

одузимати

vyčitat'

множити

umnožat'

рачунати

sčitat'

слово

bukva

абецеда

alfavit

реч

slovo

текст

tekst

читати

čitať

креда

mel

час

urok

дневник

klassnyj žurnal

испит

èkzamen

сведочанство

diplom

школска униформа

škol'naâ forma

образовање

obrazovanie

лексикон

èncyklopediâ

универзитет

universitet

микроскоп

mikroskop

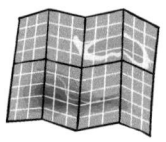

карта

karta

кошара за папир

korzina dlâ bumag

путовање

putešestvie

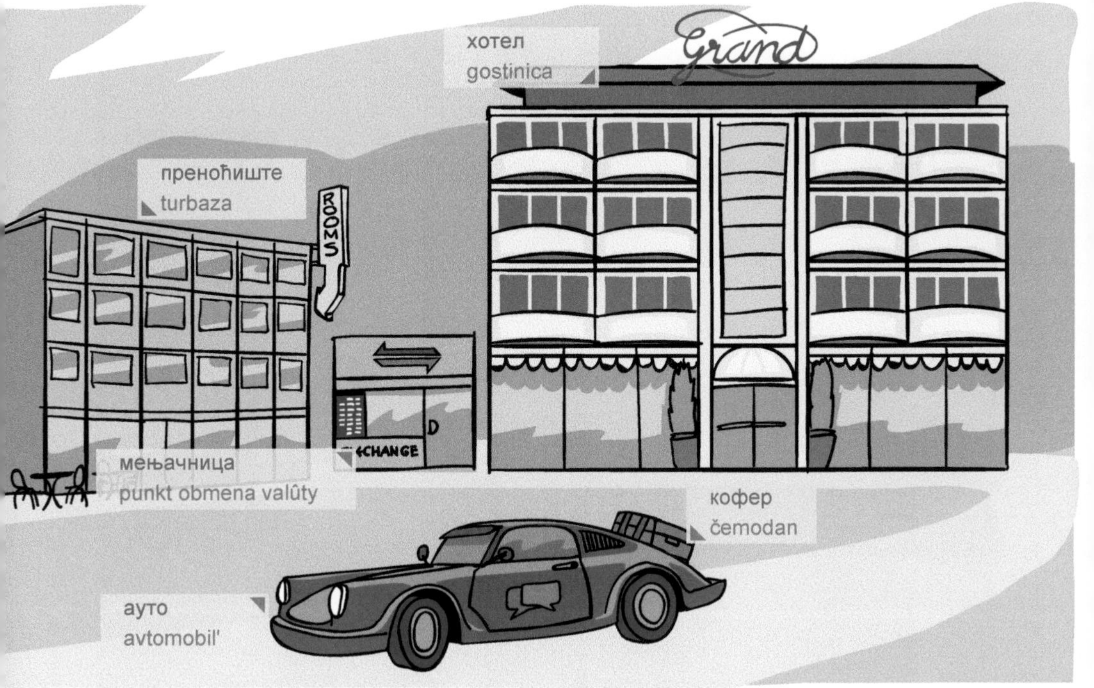

хотел
gostinica
Grand
преноћиште
turbaza
ROOMS
мењачница
punkt obmena valûty
EXCHANGE
кофер
čemodan
ауто
avtomobil'

језик

âzyk

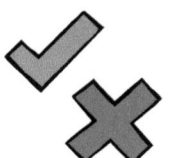

да / не

da / net

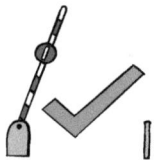

океј

horošo

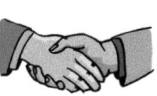

здраво

Privet

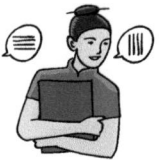

преводилац

perevodčik

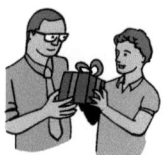

хвала

Spasibo

Колико кошта…?

Skol'ko stoit…?

не разумем

Â ne ponimaû

проблем

problema

добро вече!

Dobryj večer!

Добро јутро!

Dobroe utro!

Лаку ноћ!

Dobroj noči!

довиђења

Do svidaniâ

смер

napravlenie

пртљага

bagaž

торба

sumka

руксак

rûkzak

гост

gost'

соба

komnata

вреħа за спавање

spal'nyj mešok

шатор

palatka

туристичке информације

turističeskaâ informacyâ

плажа

plâž

кредитна картица

kreditnaâ kartočka

доручак

zavtrak

ручак

obed

вечера

užyn

карта за вожњу

bilet

лифт

lift

поштанска маркица

počtovaâ marka

граница

granica

царина

tamožnâ

амбасада

posol'stvo

виза

viza

пасош

pasport

транспорт
transport

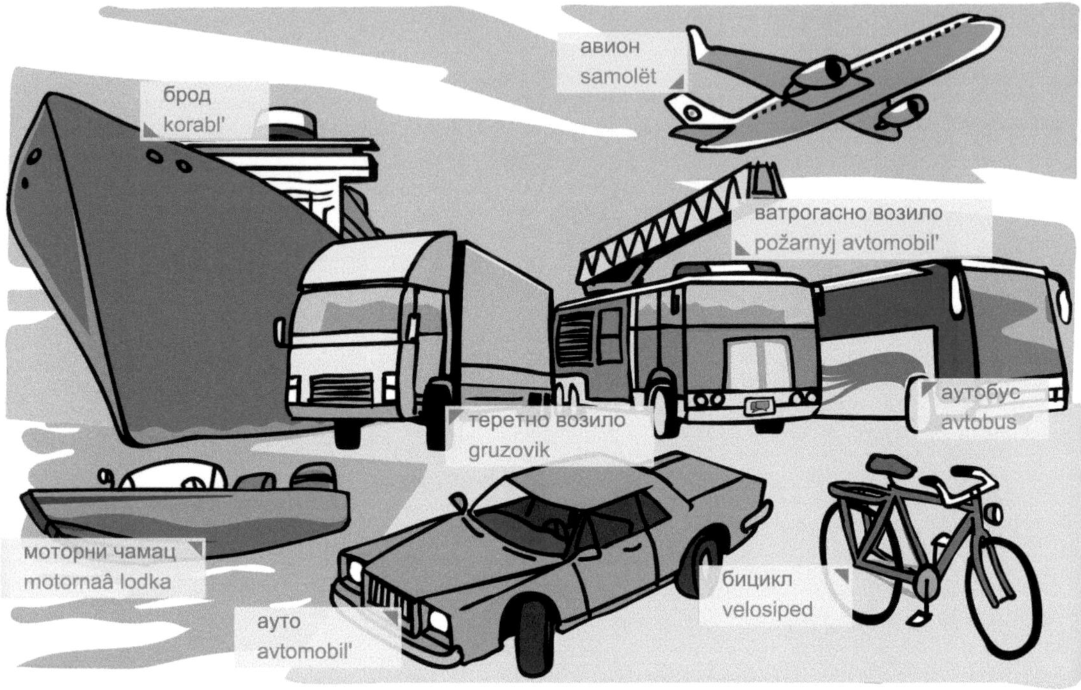
авион
samolët
брод
korabl'
ватрогасно возило
požarnyj avtomobil'
теретно возило
gruzovik
аутобус
avtobus
моторни чамац
motornaâ lodka
бицикл
velosiped
ауто
avtomobil'

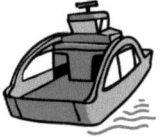

трајект

parom

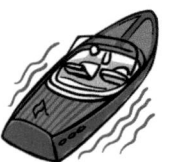

чамац

lodka

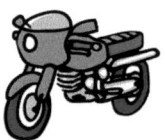

мотоцикл

motocykl

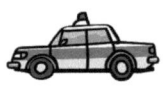

полицијски ауто

policejskij avtomobil'

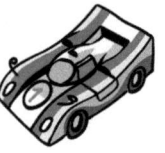

тркаћи ауто

gonočnyj avtomobil'

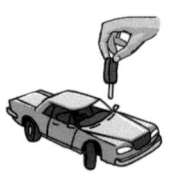

изнајмљено ауто

arendovannyj avtomobil'

дељење аутомобила

sovmestnoe pol'zovanie
avtomobilâmi

вучно возило

buksirovočnyj avtomobil'

возило за одвоз смећа

musorovoz

мотор

dvigatel'

бензин

toplivo

бензинска станица

zapravka

саобраћајни знак

dorožnyj znak

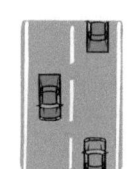

саобраћај

dviženie

застој

probka

паркиралиште

avtostoânka

железничка станица

vokzal

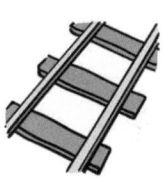

шине

rel'sy

воз

poezd

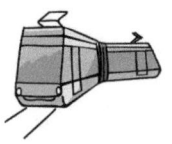

трамвај

tramvaj

вагон

vagon

хеликоптер
vertolët

аеродром
aèroport

кула
vyška

путник
passažyr

контејнер
kontejner

картон
korobka

колица
teležka

корпа
korzina

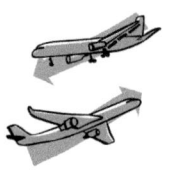

узлетети / слетети
vzletat' / prizemlât'sâ

град

gorod

село
derevnâ

центар града
centr goroda

кућа
dom

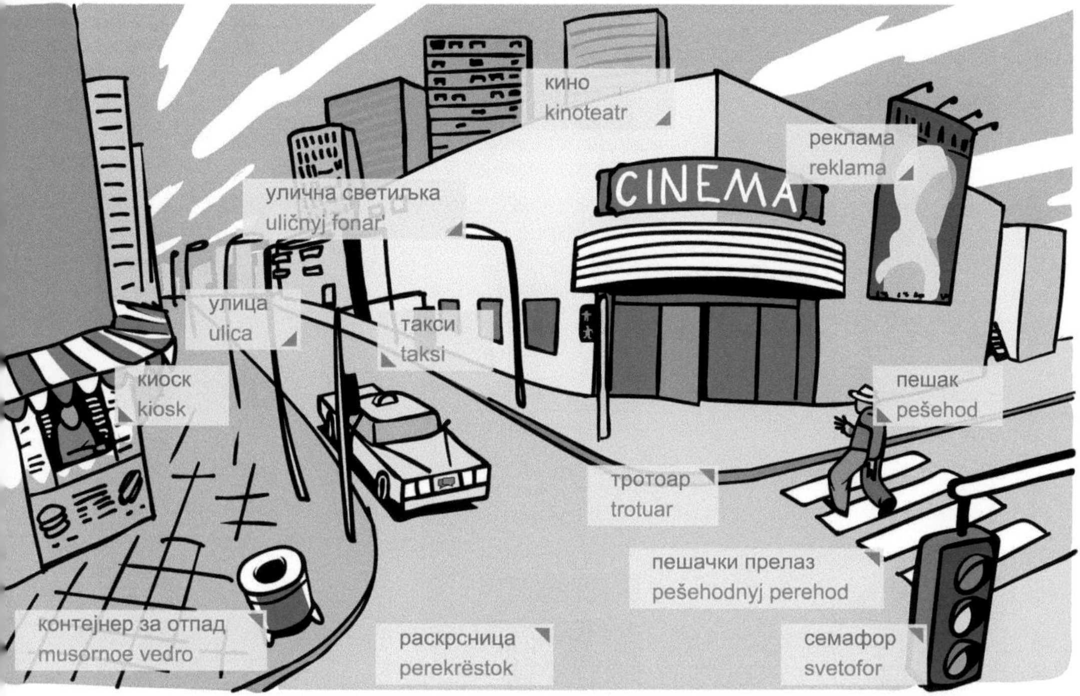
кино
kinoteatr
реклама
reklama
CINEMA
улична светиљка
uličnyj fonar'
улица
ulica
такси
taksi
киоск
kiosk
пешак
pešehod
тротоар
trotuar
пешачки прелаз
pešehodnyj perehod
контејнер за отпад
musornoe vedro
раскрсница
perekrëstok
семафор
svetofor

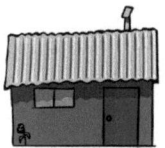

колиба

hižyna

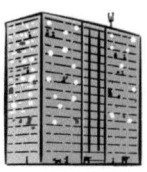

стан

kvartira

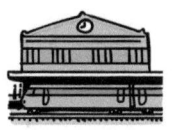

железничка станица

vokzal

већница

ratuša

MUSEUM

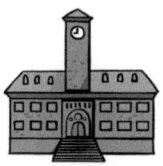

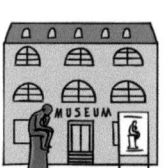

музеј

muzej

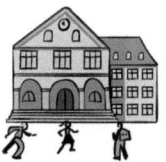

школа

škola

универзитет

universitet

банка

bank

болница

bol'nica

хотел

gostinica

апотека

apteka

канцеларија

ofis

књижара

knižnyj magazin

продавница

magazin

цвећара

cvetočnyj magazin

супермаркет

supermarket

трг

rynok

робна кућа

univermag

рибарница

torgovec ryboj

трговачки центар

torgovyj centr

лука

port

парк

park

клупа

skamejka

мост

most

степенице

lestnica

подземна железница

metro

тунел

tonnel'

аутобуска станица

avtobusnaâ ostanovka

бар

bar

ресторан

restoran

поштанско сандуче

počtovyj âšik

улични знак

tablička s nazvaniem ulicy

паркирни аутомат

parkometr

зоолошки врт

zoopark

базен

bassejn

џамија

mečet'

сеоско газдинство

ferma

загађење околине

zagrâznenie okružaûšej sredy

гробље

kladbiše

црква

cerkov'

игралиште

detskaâ plošadka

храм

hram

пејсаж

landšaft

лист
list

путоказ
dorožnyj ukazatel'

пут
doroga

ливада
lug

камен
kamen'

шетач
putešestvennik

дрво
derevo

река
reka

трава
trava

цвет
cvetok

долина

dolina

планина

gora

језеро

ozero

шума

les

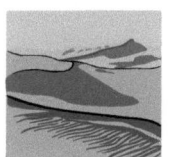

пустиња

pustynâ

вулкан

vulkan

дворац

zamok

дуга

raduga

гљива

grib

палма

pal'ma

москито

komar

мува

muha

мрав

muravej

пчела

pčela

паук

pauk

буба

žuk

жаба

lâguška

веверица

belka

јеж

ež

зец

zaâc

сова

sova

птица

ptica

лабуд

lebed'

дивља свиња

kaban

јелен

olen'

лос

los'

насип

plotina

ветрењача

vetrânoj generator

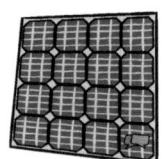

соларна плоча

solnečnaâ batareâ

клима

klimat

ресторан

restoran

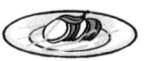

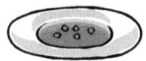

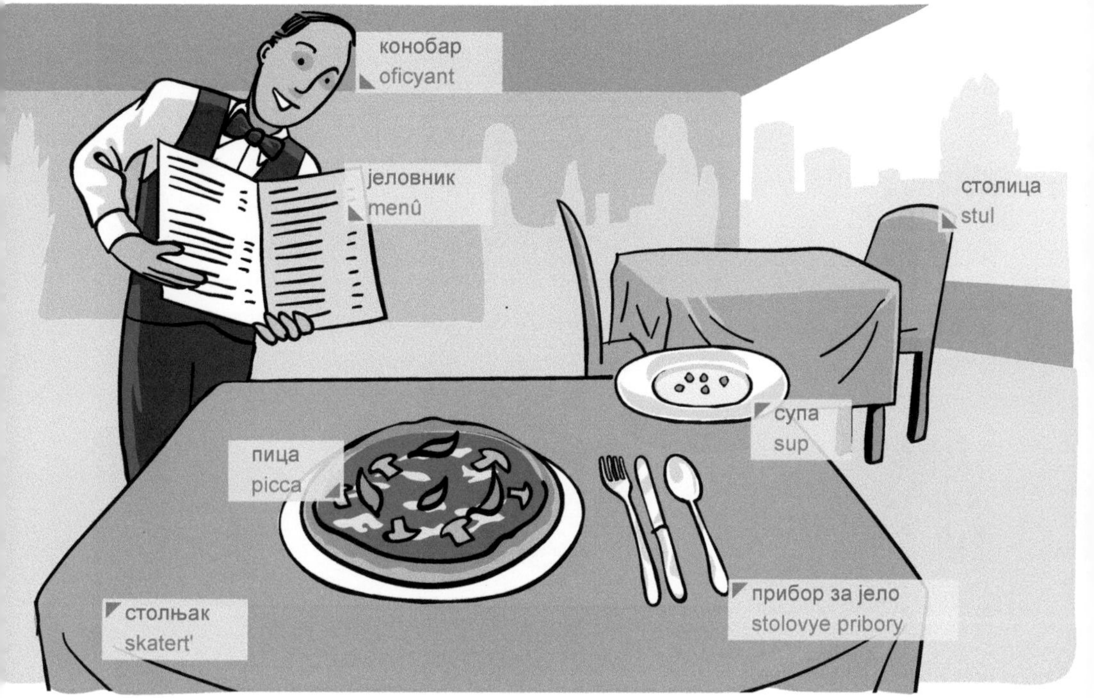
конобар
oficyant
јеловник
menû
столица
stul
супа
sup
пица
picca
прибор за јело
stolovye pribory
стољњак
skatert'

предјело
zakuska

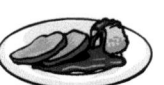

главно јело
glavnoe blûdo

десерт
desert

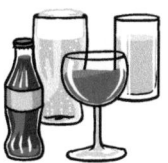

напитци
napitki

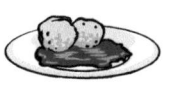

јело
eda

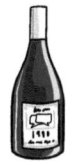

флаша
butylka

брза храна

fastfud

имбис храна

uličnaâ eda

чајник

čajnik

доза за шећер

saharnica

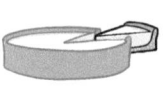

порција

porcyâ

апарат за еспресо

kofevarka

висока столица

detskij stul'čik

рачун

sčet

послужавник

podnos

нож

nož

виљушка

vilka

кашика

ložka

чајна кашика

čajnaâ ložka

салвета

salfetka

чаша

stakan

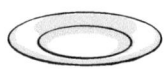

тањир

tarelka

тањир за супу

supovaâ tarelka

тањирић

blûdce

сос

sous

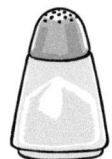

сољенка

solonka

млин за бибер

mel'nica dlâ perca

сирће

uksus

уље

maslo

зачини

specyi

кечап

ketčup

сенф

gorčica

мајонеза

majonez

супермаркет
supermarket

понуда
specyal'noe predloženie
FOR
купац
pokupatel'
млечни производи
moločnye produkty
воће
frukty
колица за куповину
teležka dlâ pokupok

BUTCHERS

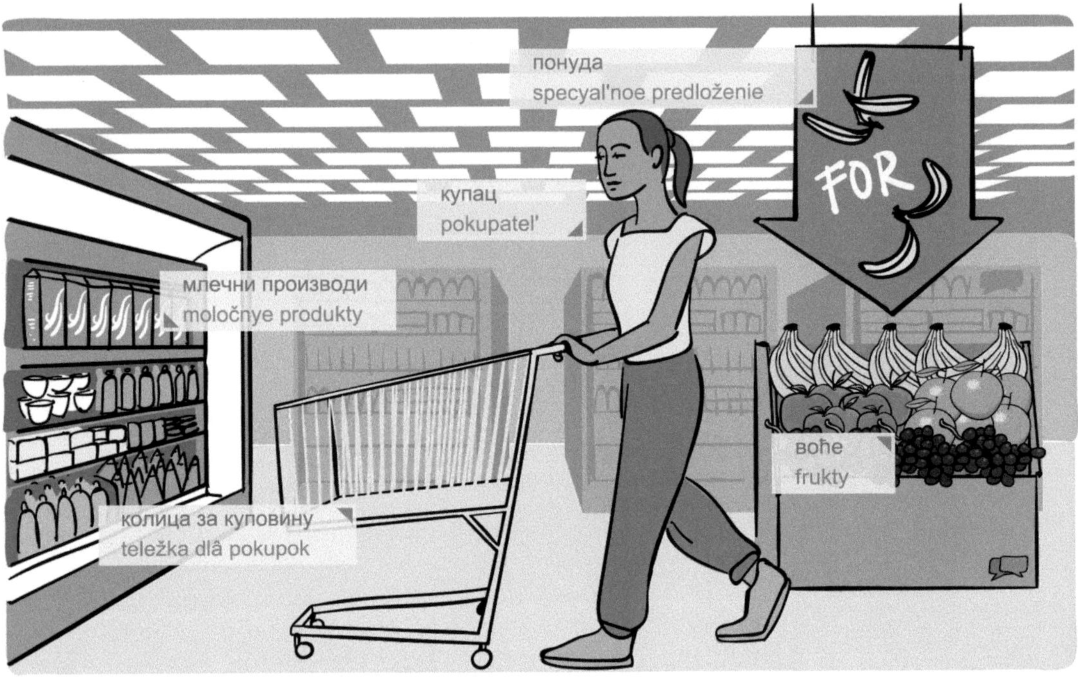

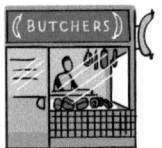

месница

mâsnoj magazin

BAKERY

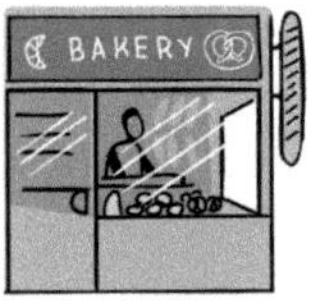

пекара

pekarnâ

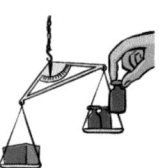

вагати

vzvešyvat'

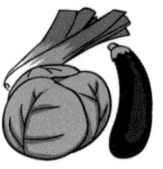

поврће

ovoŝi

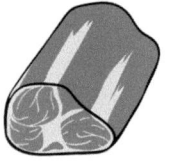

месо

mâso

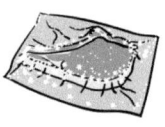

смрзнута храна

bystrozamorožennye produkty

нарезак

narezka

конзерве

konservy

средство за прање

stiral'nyj porošok

слаткиши

sladosti

артикли за домаћинство

predmet domašnego obihoda

средства за чишћење

moûŝee sredstvo

продавачица

prodavŝica

благајна

kassa

благајник

kassir

листа за куповину

spisok pokupok

време рада

vremâ raboty

новчаник

bumažnik

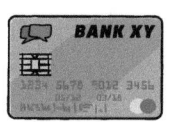

кредитна картица

kreditnaâ kartočka

торба

sumka

пластична кеса

poliètilenovyj paket

вода

voda

сок

sok

млеко

moloko

кола

koka-kola

вино

vino

пиво

pivo

алкохол

alkogol'

какао

kakao

чај

čaj

кава

kofe

еспресо

èspresso

капућино

kapučino

банана

banan

јабука

âbloko

наранџа

apel'sin

лубеница

arbuz

лимун

limon

шаргарепа

morkov'

бели лук

česnok

бамбус

bambuk

лук

luk

гљива

grib

орашасти плодови

orehi

резанци

lapša

шпагете

spagetti

рижа

ris

салата

salat

помфрит

kartofel' fri

печени крумпир

žarenyj kartofel'

пица

picca

хамбургер

gamburger

сендвич

sèndvič

шницла

šnicel'

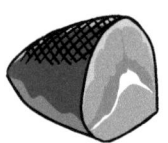

шунка

vetčina

салама

salâmi

кобасица

kolbasa

кокош

kurica

печење

žarkoe

риба

ryba

зобене пахуљице

ovsânye hlop'â

мусли

mûsli

кукурузне пахуљице

kukuruznye hlop'â

брашно

muka

кроасан

kruassan

пециво

buločka

хлеб

hleb

тоаст

tost

кекси

pečen'e

маслац

maslo

свежи сир

tvorog

колач

pirog

jaje

âjco

jaje на око

âičnica

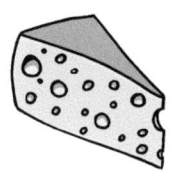

сир

syr

сладолед

moroženoe

шећер

sahar

мед

mëd

мармелада

marmelad

нугат крема

krem s nugoj

кари

karri

сеоско газдинство
ferma

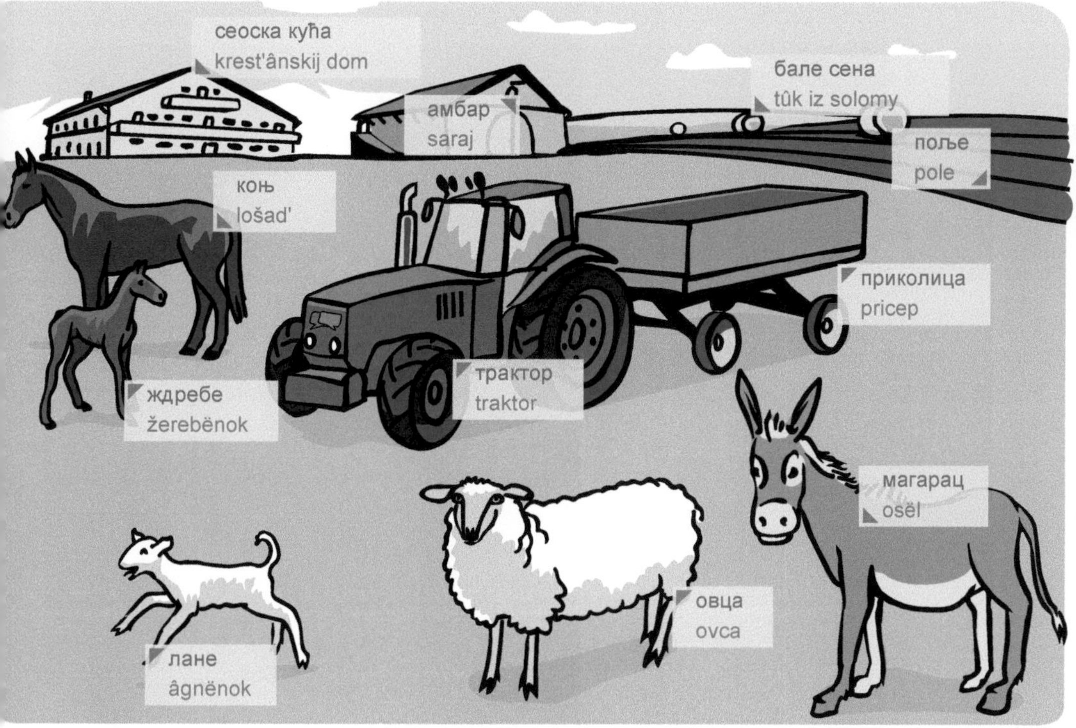

сеоска кућа
krest'ânskij dom
бале сена
tûk iz solomy
амбар
saraj
поље
pole
коњ
lošad'
приколица
pricep
трактор
traktor
ждребе
žerebënok
магарац
osël
овца
ovca
лане
âgnënok

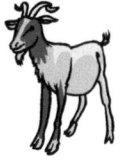

коза

koza

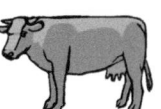

крава

korova

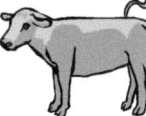

теле

telënok

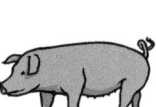

свиња

svin'â

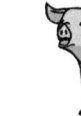

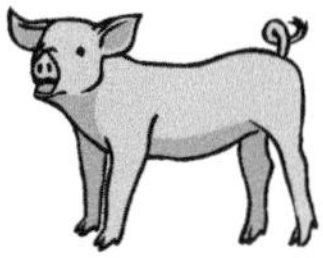

прасе

porosënok

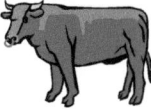

бик

byk

гуска

gus'

патка

utka

пилићи

cyplёnok

кокош

kurica

петао

petuh

пацов

krysa

мачка

koška

миш

myš'

вол

vol

пас

sobaka

кућица за пса

konura

вртно црево

sadovyj šlang

канта за поливање

lejka

коса

kosa

плуг

plug

срп

serp

мотика

motyga

виљушка за ђубриво

navoznye vily

секира

topor

тачке

tačka

корито

koryto

посуда за млеко

bidon dlâ moloka

вређа

mešok

ограда

zabor

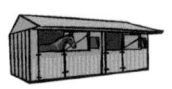

штала

hlev

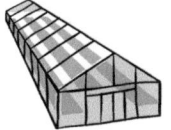

стакленик

teplica

земља

počva

семе

posev

ђубриво

udobrenie

комбајн

kombajn

жети

sobirať urožaj

жетва

urožaj

јамс зачин

âms

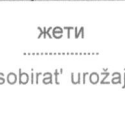

пшеница

pšenica

соја

soâ

крумпир

kartofeľ

кукуруз

kukuruza

уљана репица

raps

воћка

fruktovoe derevo

гомољ маниоке

maniok

житарице

zlaki

кућа

dom

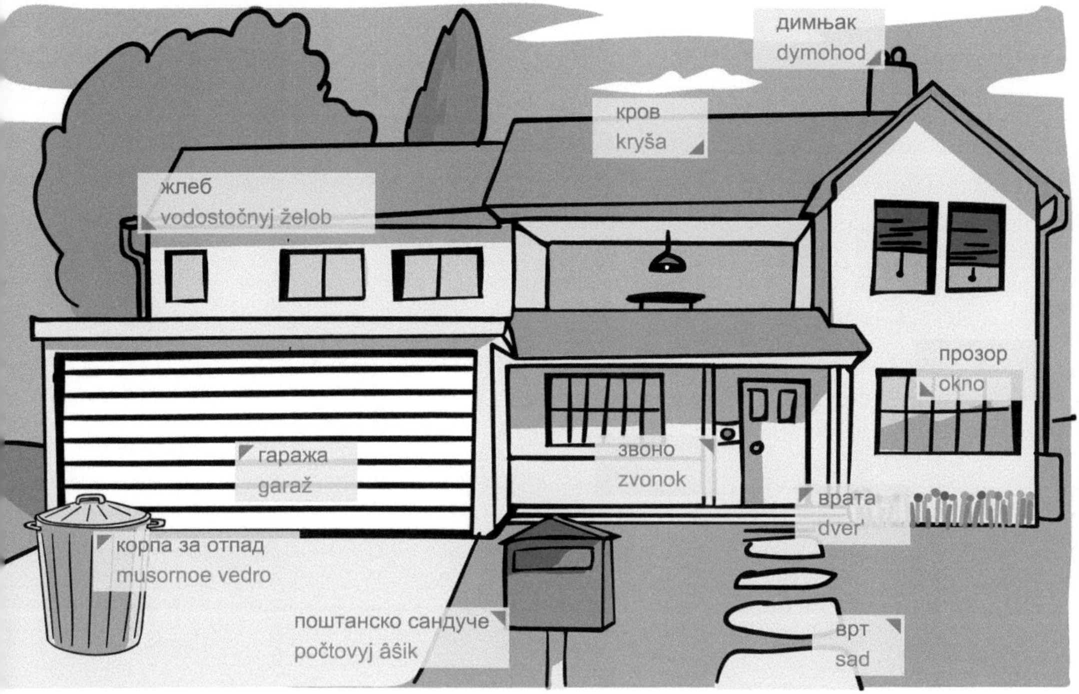
димњак
dymohod
кров
kryša
жлеб
vodostočnyj želob
прозор
okno
гаража
garaž
звоно
zvonok
врата
dver'
корпа за отпад
musornoe vedro
поштанско сандуче
počtovyj âŝik
врт
sad

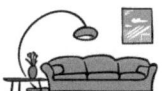

дневна соба

gostinaâ

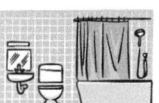

купаоница

vannaâ komnata

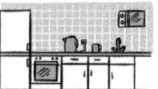

кухиња

kuhnâ

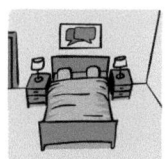

спаваћа соба

spal'nâ

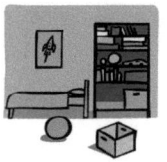

дечија соба

detskaâ komnata

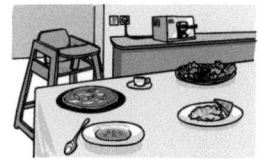

трпезарија

stolovaâ

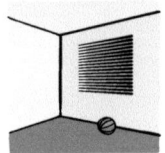

под

pol

зид

stena

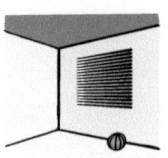

строп

potolok

подрум

podval

сауна

sauna

балкон

balkon

тераса

terrasa

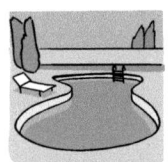

базен

bassejn

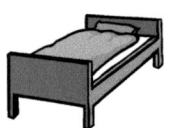

косилица за траву

gazonokosilka

постељина за кревет

pododeâl'nik

дека за кревет

pokryvalo

кревет

krovat'

метла

metla

канта

vedro

прекидач

vyklûčateľ'

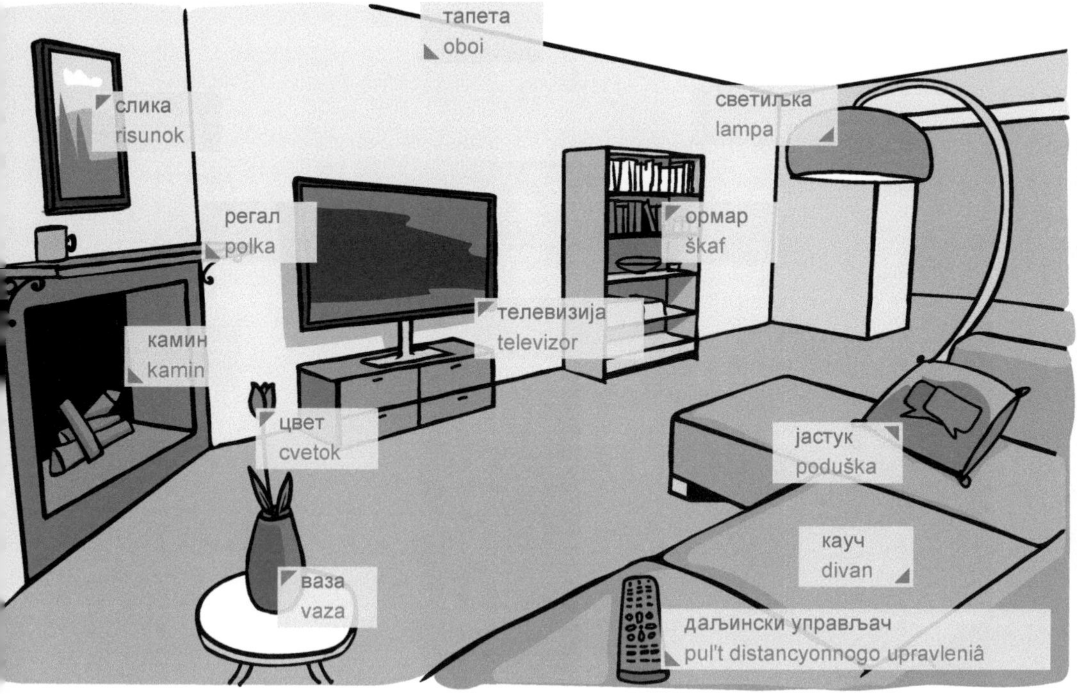

тапета
oboi

слика
risunok

светиљка
lampa

регал
polka

ормар
škaf

камин
kamin

телевизија
televizor

цвет
cvetok

јастук
poduška

кауч
divan

ваза
vaza

даљински управљач
pul't distancyonnogo upravleniâ

тепих
kovër

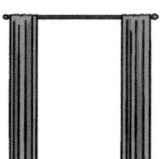

завеса
štora

сто
stol

столица
stul

столица за њихање
kreslo-kačalka

фотеља
kreslo

књига

kniga

дека

pokryvalo

декорација

ukrašenie

дрво за огрев

drova

филм

fil'm

хи-фи уређај

stereosistema

кључ

klûč

новине

gazeta

слика на платну

kartina

постер

plakat

радио

radio

блок за писање

bloknot

усисивач

pylesos

кактус

kaktus

свећа

sveča

кухиња

kuhnâ

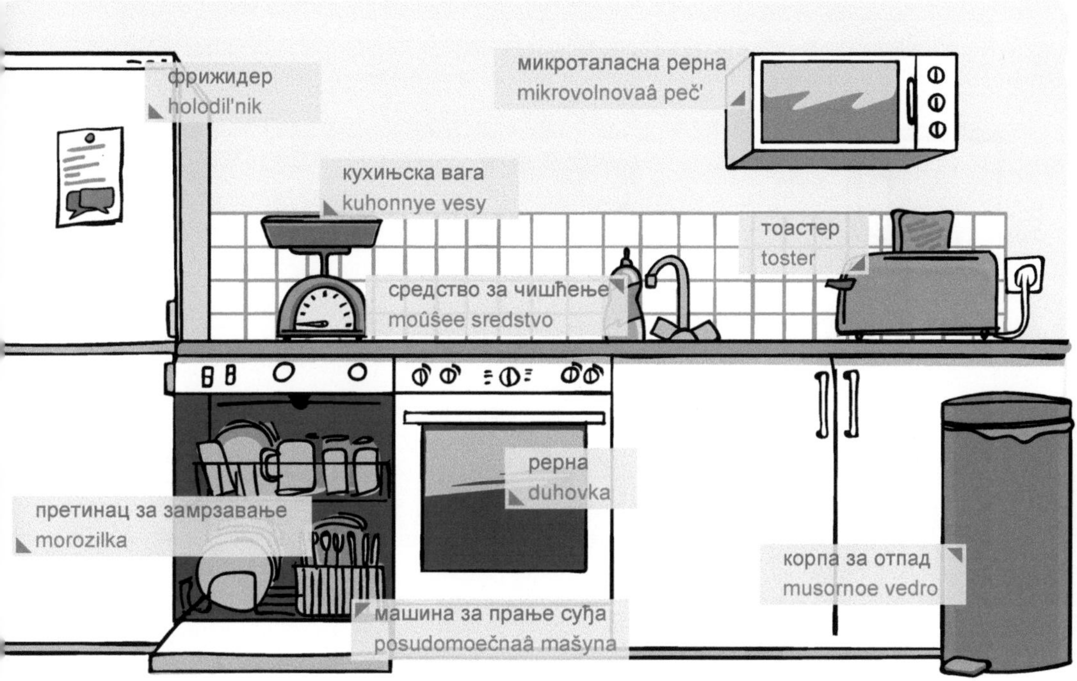
фрижидер
holodil'nik
микроталасна рерна
mikrovolnovaâ peč'
кухињска вага
kuhonnye vesy
тоастер
toster
средство за чишћење
moûŝee sredstvo
рерна
duhovka
претинац за замрзавање
morozilka
корпа за отпад
musornoe vedro
машина за прање суђа
posudomoečnaâ mašyna

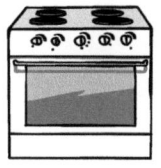

шпорет

plita

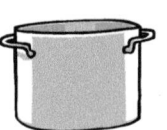

лонац

kastrûlâ

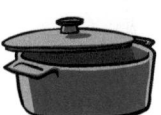

гвоздени лонац

čugunnyj kotelok

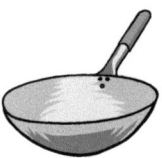

вок / кадаи

vok / kadaj

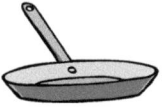

тава

skovoroda

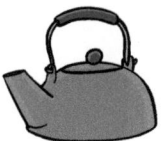

кувало за воду

čajnik

кувало на пару

parovarka

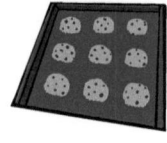

лим за печење

protiven'

посуђе

posuda

чаша

kružka

посуда

miska

штапићи за јело

paločki dlâ edy

кутлача

polovnik

лопатица

lopatka

пењача

sbivalka

сито за кување

sito

сито

sito

рибеж

tërka

мужар

stupka

роштиљ

gril'

огњиште

kostër

даска

doska

оклагија

skalka

вадичеп

štopor

конзерва

žestânaâ banka

отварач конзерви

konservnyj nož

крпа за лонац

prihvatka

судопер

rakovina

четка

šetka

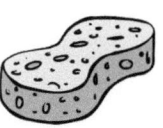

сунђер

gubka

миксер

mikser

замрзивач

morozil'naâ kamera

флашица за бебе

butyločka dlâ kormleniâ

славина за воду

kran

купаоница
vannaâ komnata

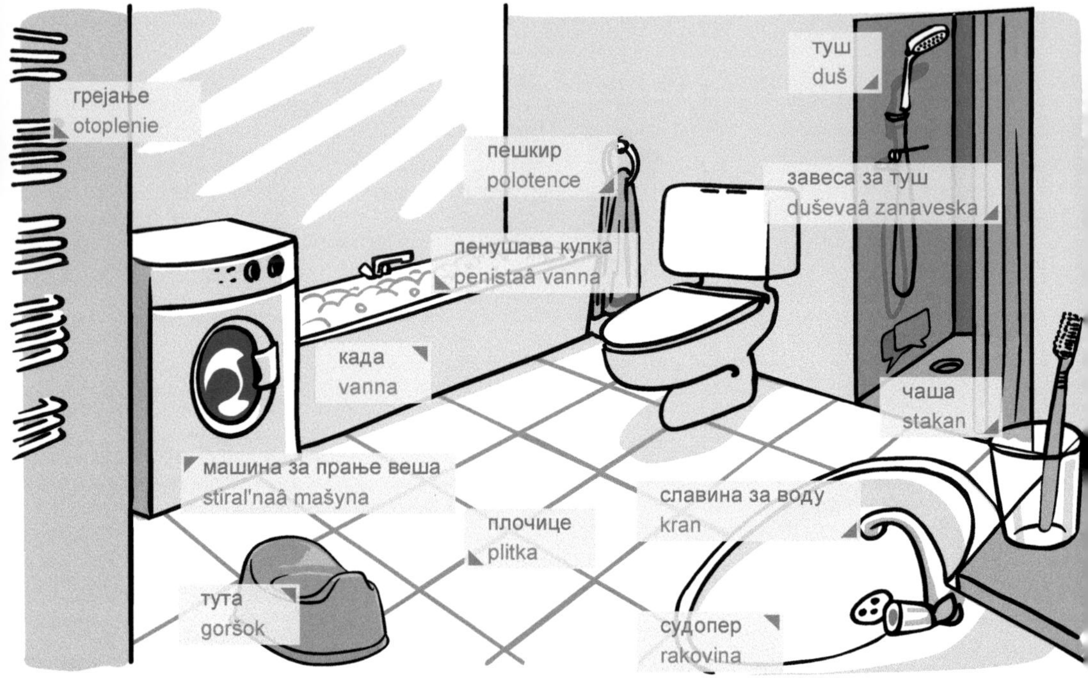

туш
duš

грејање
otoplenie

завеса за туш
duševaâ zanaveska

пешкир
polotence

пенушава купка
penistaâ vanna

када
vanna

чаша
stakan

машина за прање веша
stiral'naâ mašyna

славина за воду
kran

плочице
plitka

тута
goršok

судопер
rakovina

тоалет

tualet

чучавац

napol'nyj unitaz

бидет

bide

писоар

pissuar

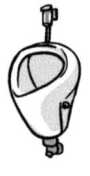

тоалетни папир

tualetnaâ bumaga

четка за тоалет

eršyk

четкица за зубе

zubnaâ šetka

паста за зубе

zubnaâ pasta

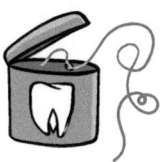

конац за зубе

zubnaâ nit'

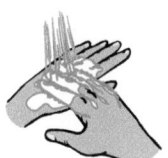

прати

myt'

туш ручица

ručnoj duš

туш за прање интимних делова

intimnyj duš

лавор

taz

четка за прање леђа

šetka dlâ spiny

сапун

mylo

гел за туширање

gel' dlâ duša

шампон

šampun'

крпа за прање

močalka

одвод

stok

крема

krem

дезодоранс

dezodorant

огледало

zerkalo

козметичко огледало

ručnoe zerkalo

бријач

britva

пена за бријање

pena dlâ brit'â

лосион за после бријања

los'on posle brit'â

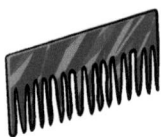

чешаљ

rasčeska

четка

šetka

фен за косу

fen

спреј за косу

lak dlâ volos

шминка

kosmetika

руж за усне

gubnaâ pomada

лак за нокте

lak dlâ nogtej

вата

vata

маказе за нокте

manikûrnye nožnicy

парфем

duhi

козметичка торбица

kosmetička

столица

taburetka

вага

vesy

огртач

halat

рукавице за чишћење

rezinovye perčatki

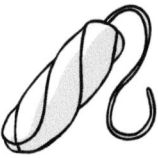

тампон

tampon

уложак

gigieničeskaâ prokladka

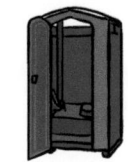

хемијски тоалет

biotualet

дечија соба
detskaâ komnata

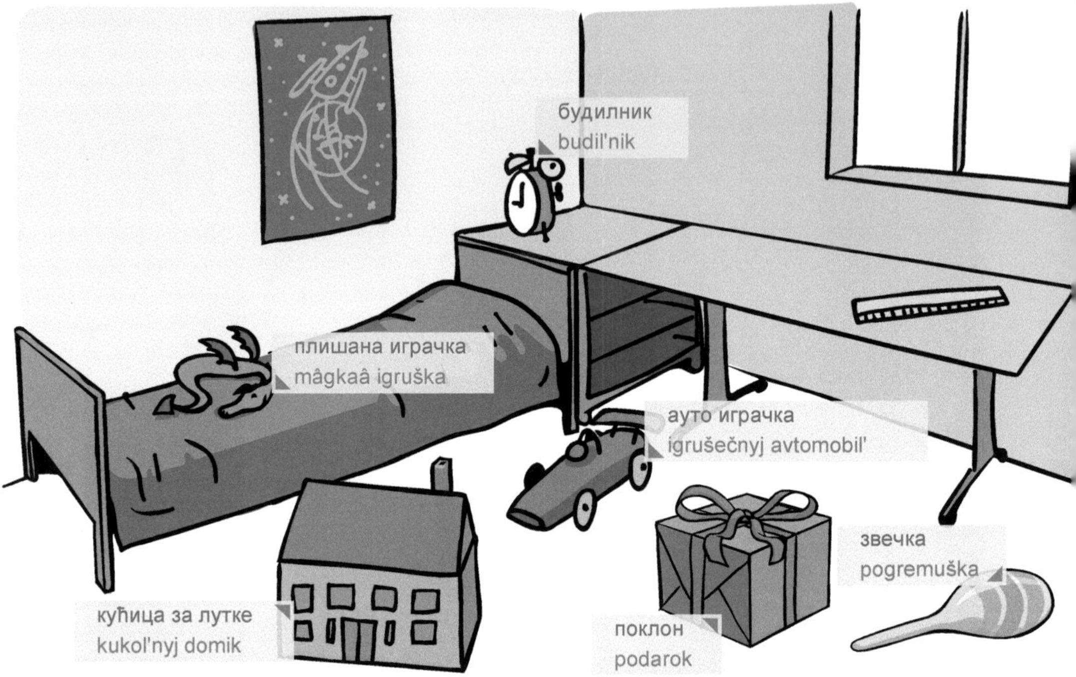

будилник
budil'nik
плишана играчка
mâgkaâ igruška
ауто играчка
igrušečnyj avtomobil'
звечка
pogremuška
кућица за лутке
kukol'nyj domik
поклон
podarok

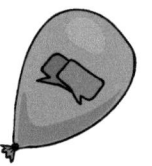

балон

vozdušnyj šar

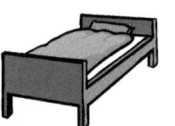

кревет

krovat'

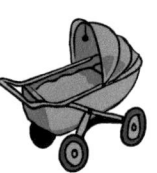

дјечија колица

detskaâ kolâska

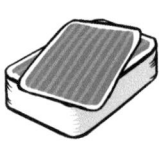

игра са картама

kartočnaâ igra

слагалица

pazl

SUPER
MEGA

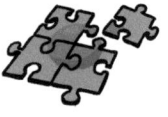

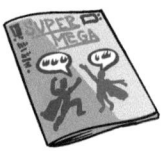

стрип

komiks

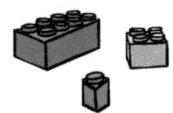

лего коцкице

kirpičiki Lego

коцкице за слагање

kubiki

акциони јунак

igrušečnaâ figurka

бенкица за бебе

polzunki

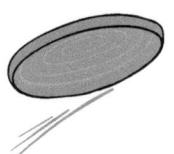

фризби

frisbi

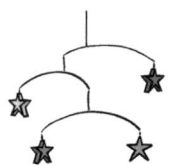

висеће играчке

mobile

друштвене игре

nastol'naâ igra

коцка

kubik

минијатурна жељезница

model' železnoj dorogi

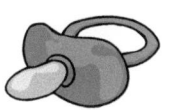

дуда

soska

забава

večerinka

сликовница

kniga s kartinkami

лопта

mâč

лутка

kukla

играти

igrat'

пешчаник

pesočnica

љуљачка

kačeli

играчка

igruška

конзола за игре

igrovaâ pristavka

трицикл

trëhkolesnyj velosiped

теди

plûševyj medvežonok

ормар

škaf dlâ odeždy

кратке чарапе

noski

чарапе

čulki

хулахопке

kolgotki

шал
šarf

кишобран
zontik

мајица
futbolka

каиш
remen'

чизме
sapogi

папуче
tapki

патике
krossovki

сандале
....
sandalii

ципеле
....
botinki

гумене чизме
....
rezinovye sapogi

гаћице
....
trusy

грудњак
....
bûstgal'ter

поткошуља
....
majka

боди

bodi

панталоне

brûki

фармерке

džynsy

сукња

ûbka

блуза

bluzka

кошуља

rubaška

џемпер

sviter

џемпер с капуљачом

sviter

сако

sportivnaâ kurtka

јакна

žaket

мантил

pal'to

кабаница

plaŝ

костим

kostûm

хаљина

plat'e

венчаница

svadebnoe plat'e

одело

mužskoj kostûm

спаваћица

nočnaâ soročka

пиџама

pižama

сари

sari

марама за главу

platok

турбан

tûrban

бурка

parandža

кафтан

kaftan

абаја

abajâ

купаћи костим

kupal'nik

купаће гаћице

plavki

кратке панталоне

šorty

одећа за тренинг

sportivnyj kostûm

кецеља

fartuk

рукавице

perčatki

дугме

pugovica

наочаре

očki

наруквица

braslet

огрлица

cepočka

прстен

kol'co

наушница

ser'ga

капа

šapka

вешалица

vešalka

шешир

šlâpa

кравата

galstuk

патент затварач

zastežka molniâ

кацига

šlem

нараменице

podtâžki

школска униформа

škol'naâ forma

униформа

forma

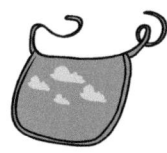

подбрадак

detskij nagrudnik

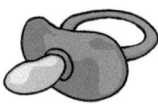

дуда

soska

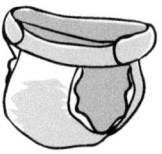

пелена

podguznik

канцеларија
ofis

сервер
server
ормар за списе
kancelârskij škaf
штампач
printer
папир
bumaga
монитор
monitor
писаћи сто
pis'mennyj stol
миш
myš'
мапа
papka
тастатура
klaviatura
кошара за папир
korzina dlâ bumag
компјутер
komp'ûter
столица
stul

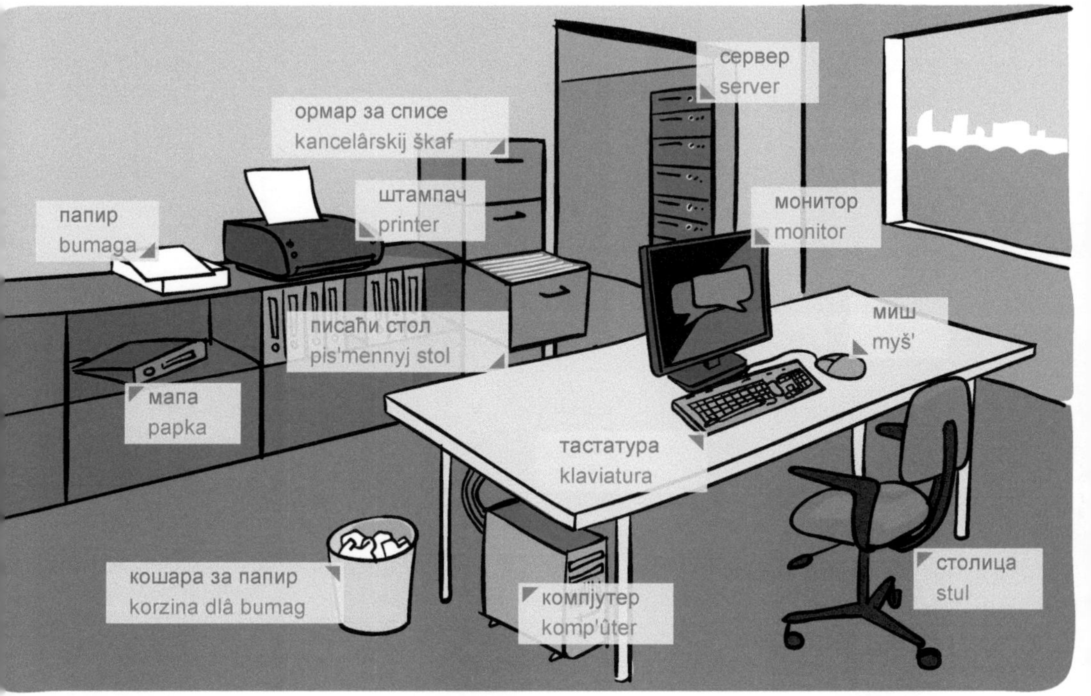

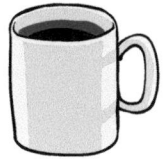

шалица за каву

kofejnaâ kružka

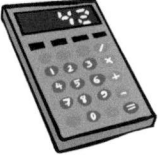

калкулатор

kal'kulâtor

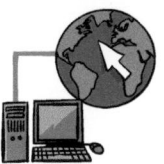

интернет

internet

лаптоп

noutbuk

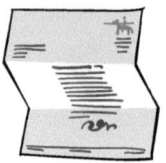

писмо

pis'mo

порука

soobŝenie

мобилни телефон

mobil'nyj telefon

мрежа

set'

уређај за копирање

kseroks

софтвер

programma

телефон

telefon

утичница

rozetka

факс

faks

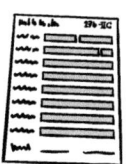

формулар

formulâr

документ

dokument

купувати

pokupat'

платити

platit'

трговати

torgovat'

новац

den'gi

долар

dollar

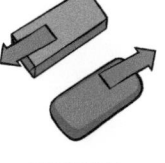

евро

evro

јен

iena

рубља

rubl'

швајцарски франак

frank

ренминдби јуан

žèn'min'bi ûan'

рупија

rupiâ

аутомат за новац

bankomat

мењачница

punkt obmena valûty

злато

zoloto

сребро

serebro

нафта

neft'

енергија

ènergiâ

цена

cena

уговор

dogovor

порез

nalog

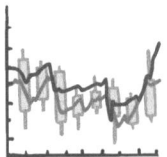

деонице

akcyâ

радити

rabotat'

службеник

služašij

послодавац

rabotodatel'

фабрика

fabrika

продавница

magazin

занимања
professii

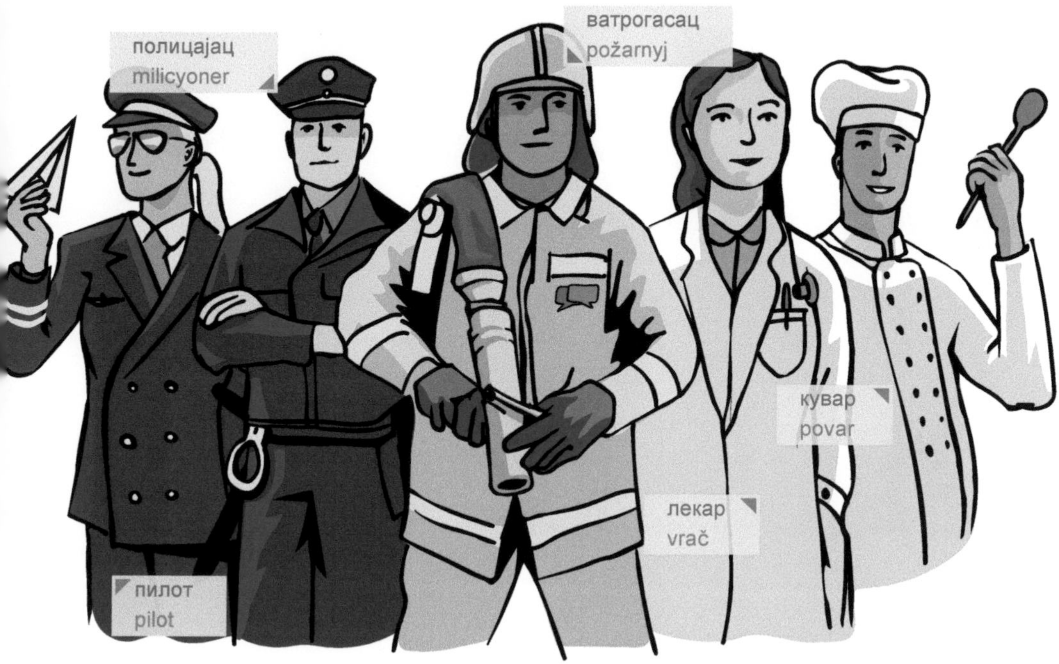
полицајац
milicyoner
ватрогасац
požarnyj
кувар
povar
лекар
vrač
пилот
pilot

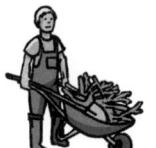

вртлар

sadovnik

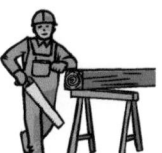

столар

stolâr

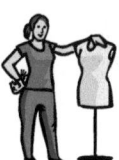

кројачица

šveâ

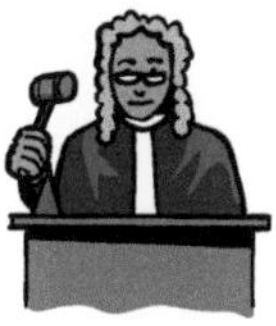

судија

sud'â

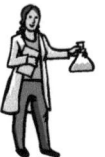

хемичар

himik

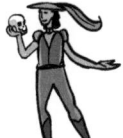

глумац

aktër

возач аутобуса

voditel' avtobusa

возач таксија

taksist

рибар

rybak

чистачица

uborŝica

кровопокривач

krovel'ŝik

конобар

oficyant

ловац

ohotnik

сликар

hudožnik

пекар

pekar'

електричар

èlektrik

грађевински радник

stroitel'

инжењер

inžener

месар

mâsnik

лимар

santehnik

поштар

počtal'on

војник

soldat

архитекта

arhitektor

благајник

kassir

цвећар

florist

фризер

parikmaher

кондуктер

konduktor

механичар

mehanik

капетан

kapitan

зубар

zubnoj vrač

научник

učenyj

раби

ravvin

имам

imam

монах

monah

свећеник

svâšennik

алати
instrumenty

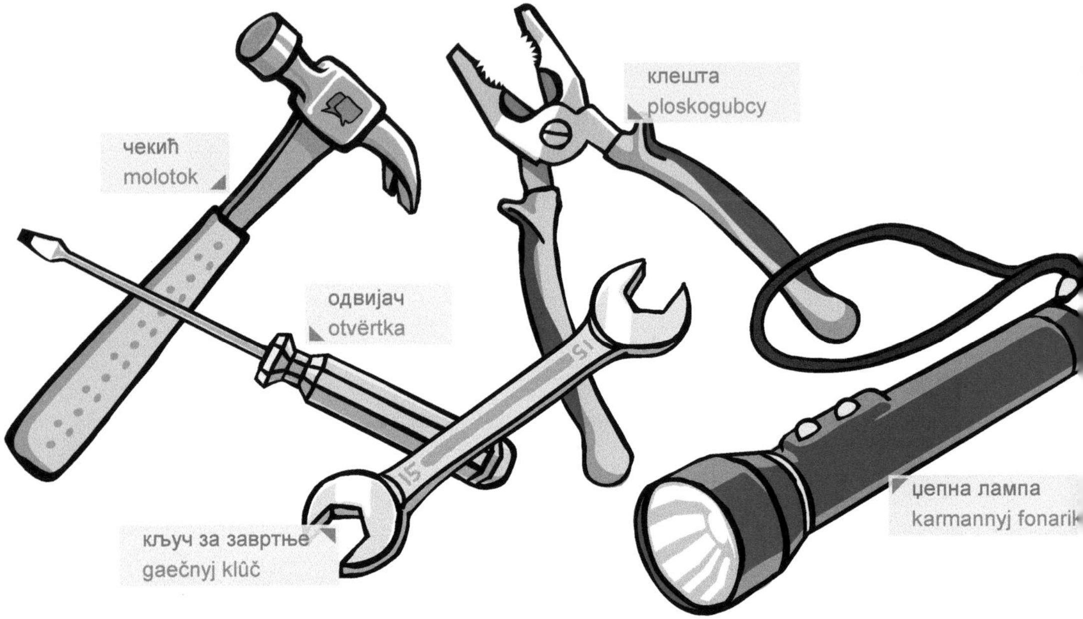
чекић
molotok
клешта
ploskogubcy
одвијач
otvërtka
цепна лампа
karmannyj fonarik
кључ за завртње
gaečnyj klûč

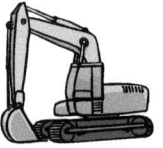

багер
èkskavator

кутија за алат
âŝik dlâ instrumentov

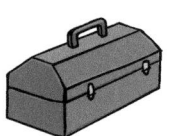

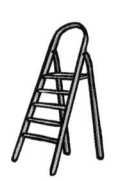

мердевине
stremânka

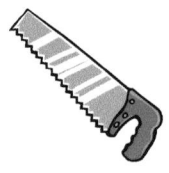

пила
pila

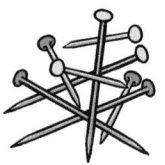

ексер
gvozdi

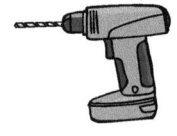

бушилица
drel'

поправити
....
remontirovat'

лопата
....
lopata

до ђавола!
....
Blin!

лопатица
....
sovok

лонац за боју
....
vedro s kraskoj

завртањи
....
vinty

музички инструмент
muzykal'nye instrumenty

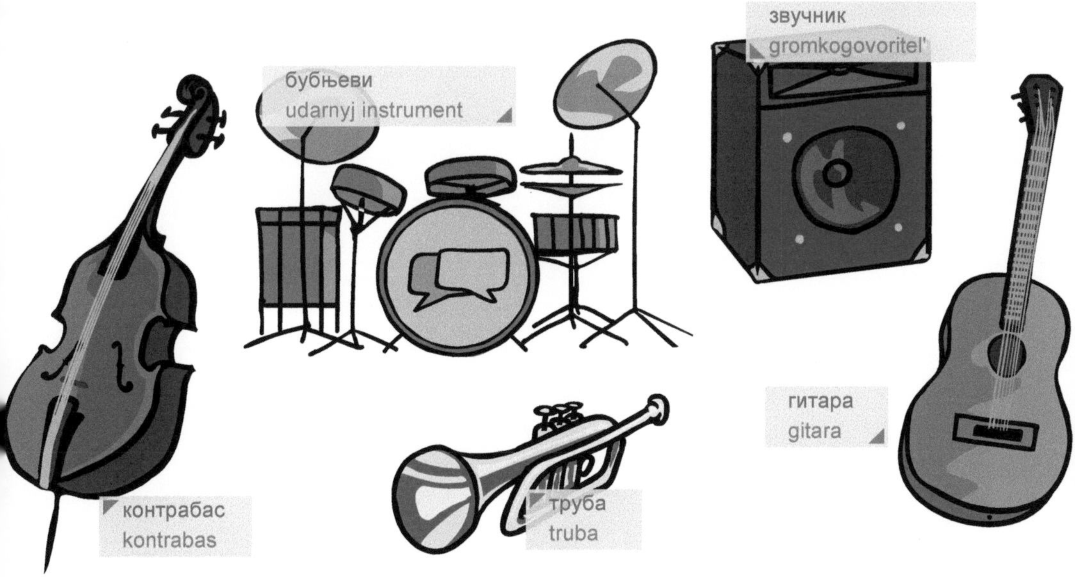

звучник
gromkogovoritel'

бубњеви
udarnyj instrument

контрабас
kontrabas

труба
truba

гитара
gitara

клавир

pianino

виолина

skripka

бас

bas-gitara

тимпани

litavry

удараљке за бубњеве

baraban

типке клавира

sintezator

саксофон

saksofon

флаута

flejta

микрофон

mikrofon

зоолошки врт

zoopark

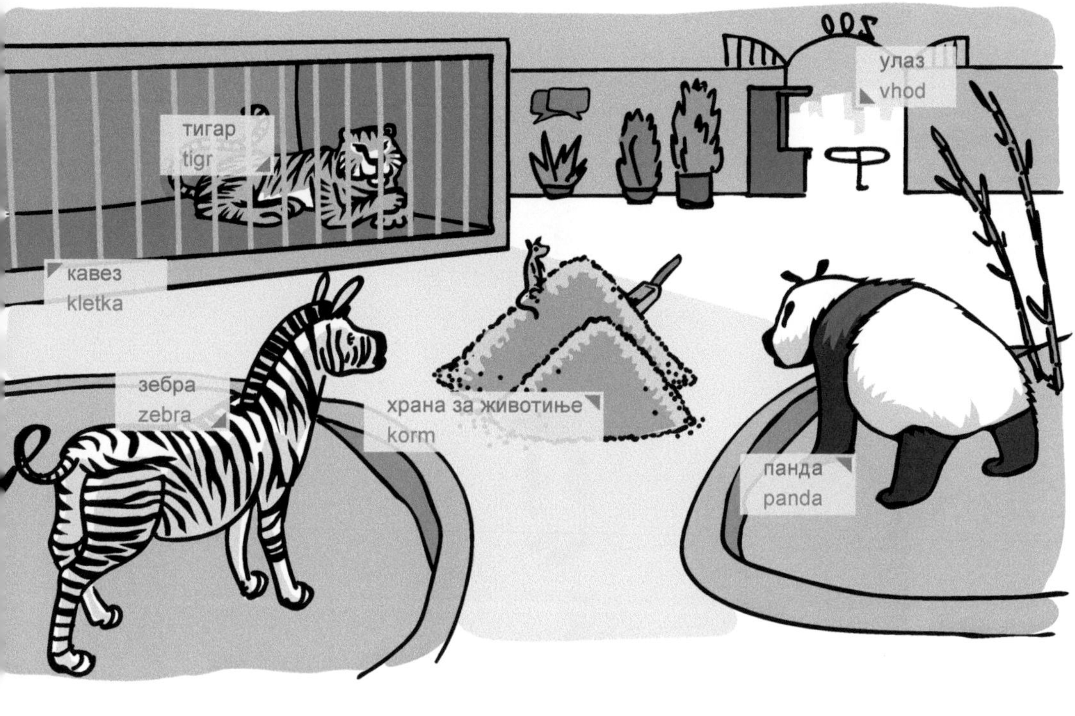

улаз
vhod
тигар
tigr
кавез
kletka
зебра
zebra
храна за животиње
korm
панда
panda

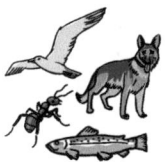

животиње

žyvotnye

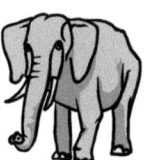

слон

slon

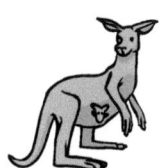

кенгур

kenguru

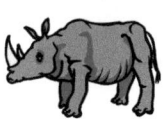

носорог

nosorog

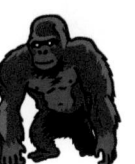

горила

gorilla

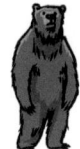

медвед

medved'

камила

verblûd

ној

straus

лав

lev

мајмун

obez'âna

фламинго

flamingo

папагај

popugaj

поларни медвед

belyj medved'

пингвин

pingvin

ајкула

akula

паун

pavlin

змија

zmeâ

крокодил

krokodil

чувар у зоолошком врту

služytel' zooparka

туљан

tûlen'

јагуар

âguar

пони

poni

леопард

leopard

нилски коњ

begemot

жирафа

žyraf

орао

orël

дивља свиња

kaban

риба

ryba

корњача

čerepaha

морж

morž

лисица

lisa

газела

gazel'

спорт
sport

амерички ногомет
amerikanskij futbol

бициклизам
ezda na velosipede

тенис
tennis

кошарка
basketbol

пливање
plavanie

бокс
boks

хокеј на леду
hokkej

фудбал
futbol

бадминтон
badminton

атлетика
lëgkaâ atletika

рукомет
gandbol

скијање
lyžnyj sport

поло
polo

активности
dejstviâ

смејати се
smeât'sâ
скочити
prygat'
загрлити
obnimat'
ићи
idti
певати
pet'
сањати
mečtat'
молити се
molit'sâ
пољубити
celovat'

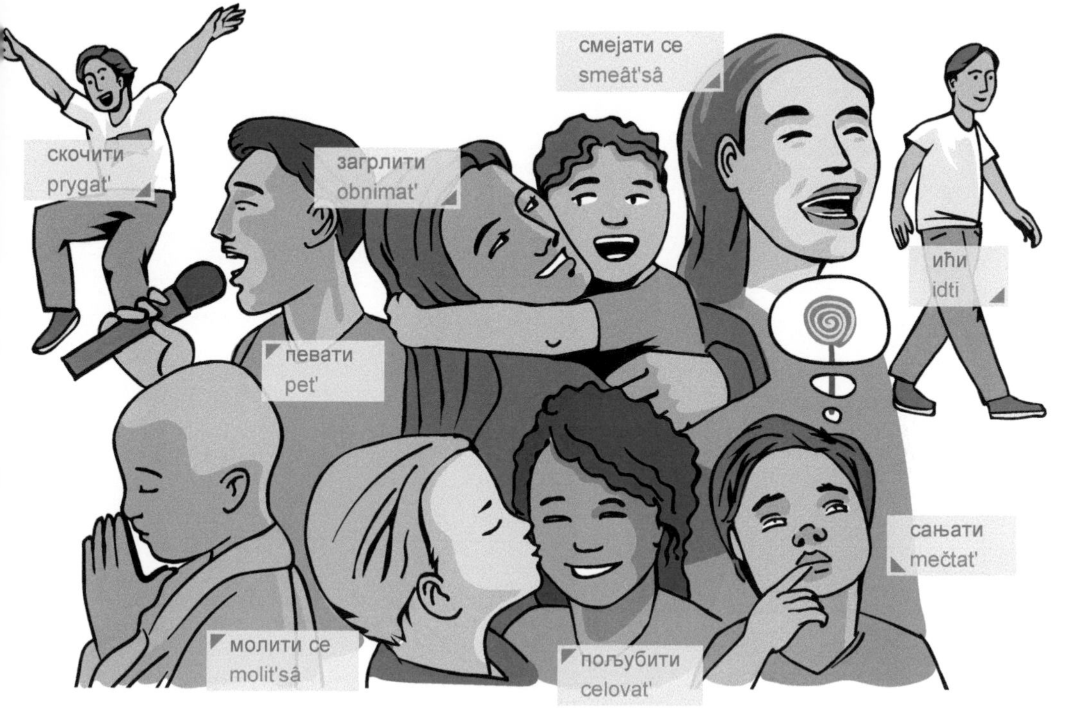

писати
pisat'

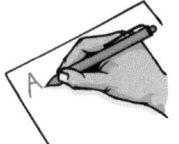

цртати
risovat'

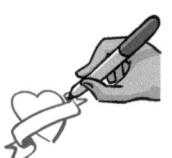

показати
pokazyvat'

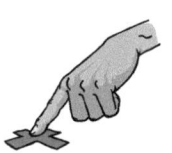

гурати
nažymat'

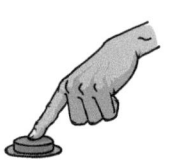

дати
davat'

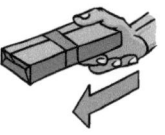

узети
brat'

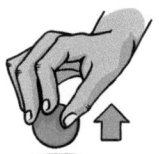

имати

imet'

чинити

delat'

бити

byt'

стојати

stoât'

трчати

bežat'

повлачити

tânut'

бацити

brosat'

падати

padat'

лежати

ležat'

чекати

ždat'

носити

nosit'

седити

sidet'

облачити

nadevat'

спавати

spat'

пробудити се

prosypat'sâ

гледати

rassmatrivat'

плакати

plakat'

миловати

gladit'

чешљати

pričesyvat'

говорити

govorit'

разумети

ponimat'

питати

sprašyvat'

слушати

slušat'

пити

pit'

јести

kušat'

поспремити

navodit' porâdok

волети

lûbit'

кухати

gotovit'

возити

ehat'

летети

letat'

пловити

hodiť pod parusom

рачунати

sčitať

читати

čitať

учити

učiť'sâ

радити

rabotať

венчати се

vstupať v brak

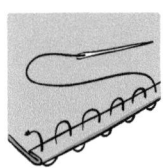

шити

šyť

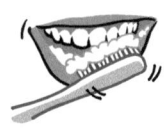

прати зубе

čistiť zuby

убити

ubivať

пушити

kuriť

послати

otpravlâť

породица
sem'â

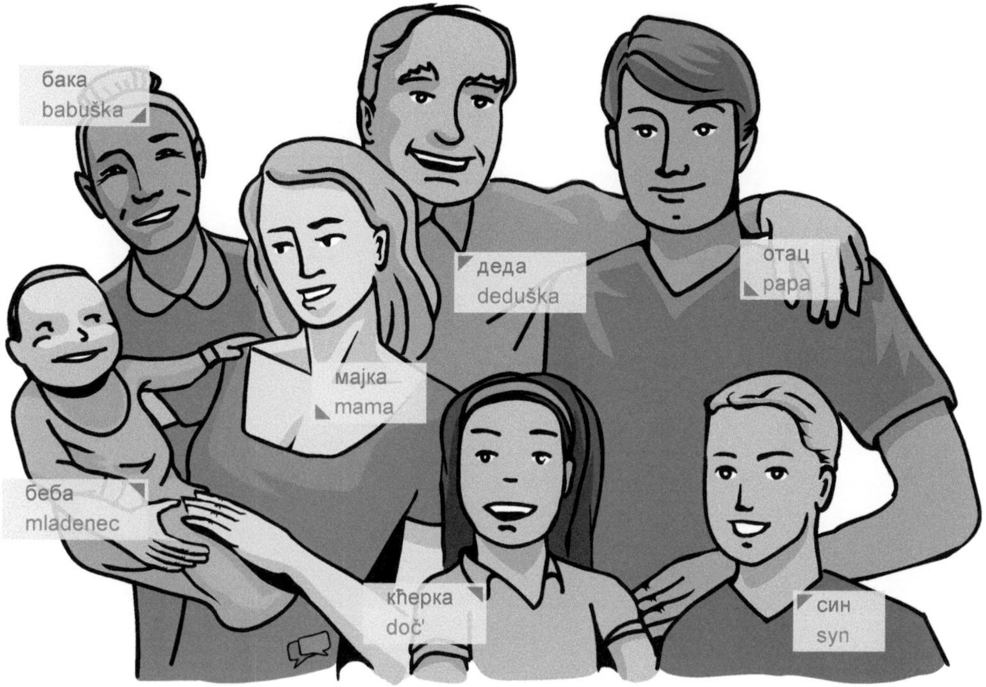
бака
babuška
деда
deduška
отац
papa
мајка
mama
беба
mladenec
кћерка
doč'
син
syn

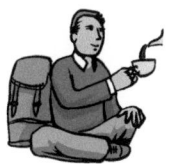

гост

gost'

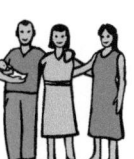

тетка

tetâ

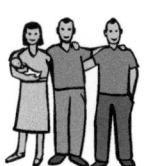

ујак, стриц

dâdâ

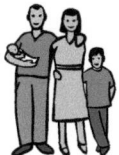

брат

brat

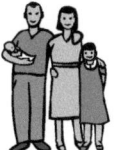

сестра

sestra

тело

telo

чело
lob
око
glaz
раме
plečo
прст
palec
лице
lico
брада
podborodok
рука
kist'
груди
grud'
нога
noga
рука
ruka

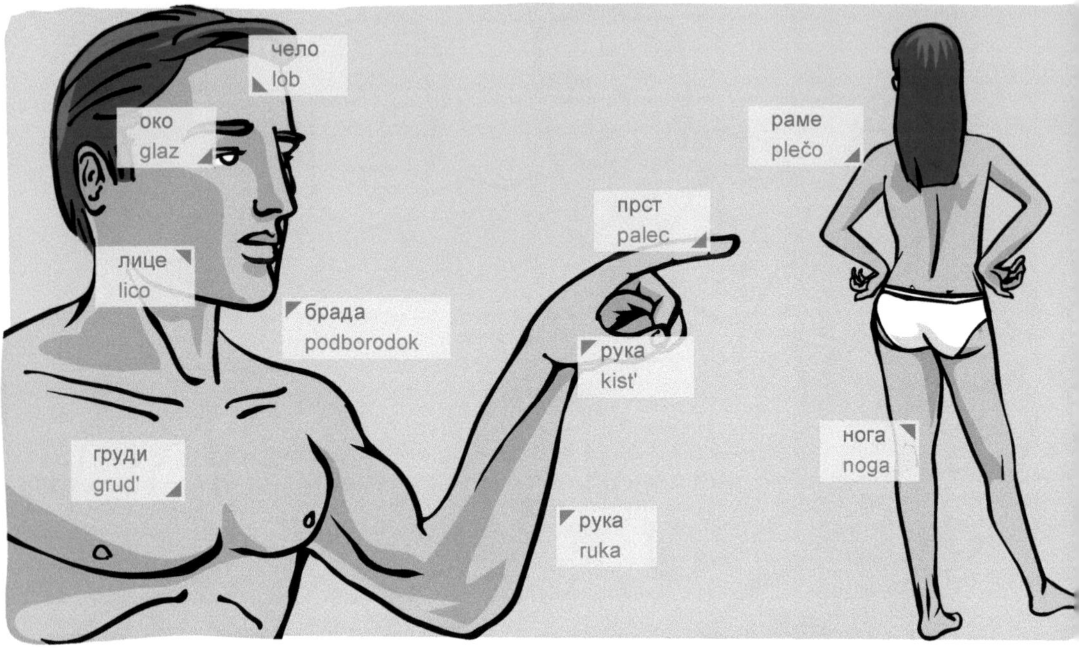

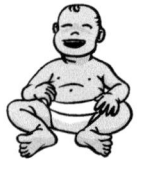

беба

mladenec

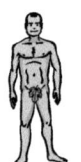

мушкарац

mužčina

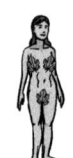

жена

ženŝina

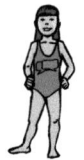

девојчица

devočka

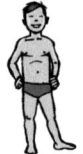

дечак

mal'čik

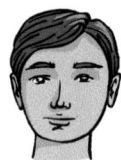

глава

golova

леђа
spina

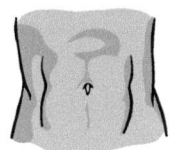

стомак
žyvot

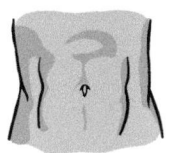

пупак
pupok

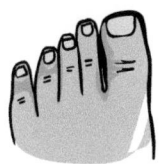

ножни прст
palec nogi

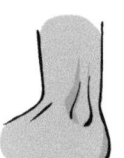

пета
pâtka

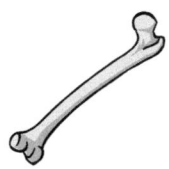

кост
kost'

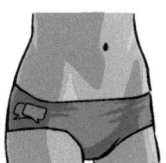

кукови
bedro

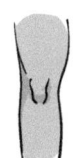

колено
koleno

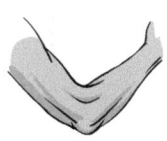

лакат
lokot'

нос
nos

задњица
âgodicy

кожа
koža

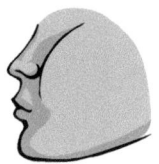

образ
šeka

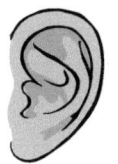

уво
uho

усна
guba

тело - telo

уста

rot

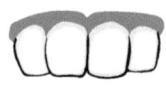

зуб

zub

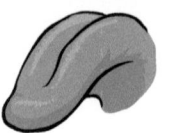

језик

âzyk

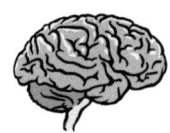

мозак

mozg

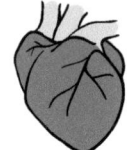

срце

serdce

мишић

myšca

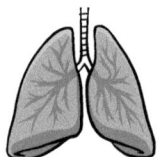

плућа

lёgkoe

јетра

pečen'

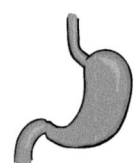

желудац

želudok

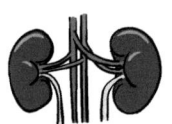

бубрези

počki

полни однос

polovoj akt

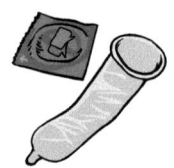

кондом

prezervativ

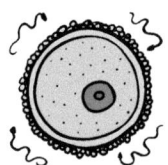

јајна ћелија

âjcekletka

сперма

sperma

трудноћа

beremennost'

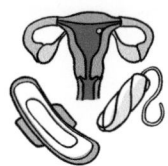

менструација

menstruacyâ

вагина

vagina

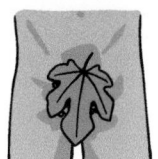

пенис

penis

обрва

brov'

коса

volosy

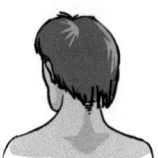

врат

šeâ

болница

bol'nica

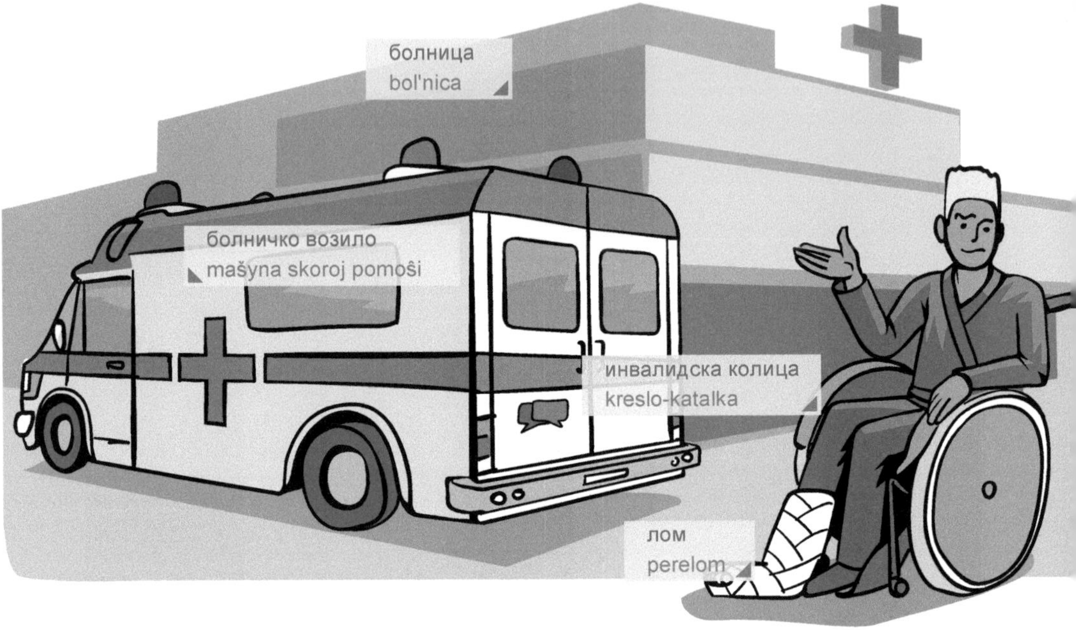

болница
bol'nica
болничко возило
mašyna skoroj pomoŝi
инвалидска колица
kreslo-katalka
лом
perelom

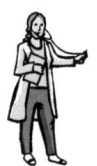

лекар

vrač

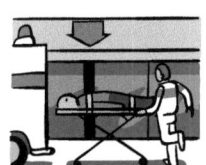

хитна медицинска служба

punkt pervoj pomoŝi

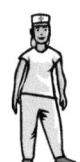

медицинска сестра

medsestra

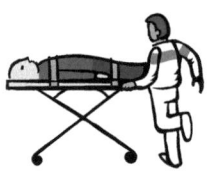

хитни случај

neotložnyj slučaj

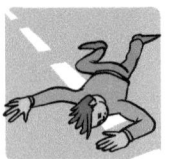

несвест

bez soznaniâ

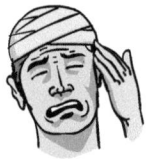

бол

bol'

повреда

povreždenie

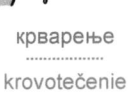

крварење

krovotečenie

срчани удар

infarkt

удар

insul't

алергија

allergiâ

кашаљ

kašel'

грозница

povyšennaâ temperatura

грипа

gripp

пролив

ponos

главобоља

golovnaâ bol'

рак

rak

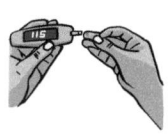

дијабетес

diabet

хирург

hirurg

скалпел

skal'pel'

операција

operacyâ

цт

KT

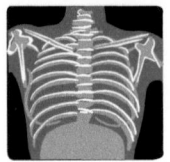

рентген

rentgen

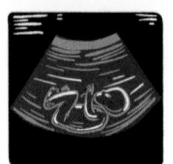

ултразвук

ul'trazvuk

маска

maska

болест

bolezn'

чекаона

priëmnaâ

штака

kostyl'

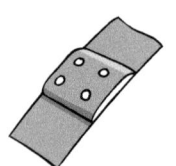

фластер

plastyr'

завој

bint

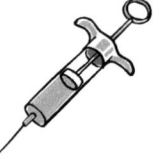

ињекција

ukol

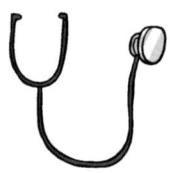

стетоскоп

stetoskop

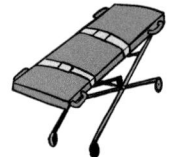

носила

nosilki

термометар

termometr

рођење

roždenie

прекомерна тежина

izbytočnyj ves

слушни апарат

sluhovoj apparat

средство за дезинфекцију

dezinfekcyonnoe sredstvo

инфекција

infekcyâ

вирус

virus

хив / аидс

VIČ / SPID

медицина

lekarstvo

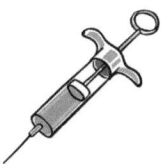

вакцинација

privivka

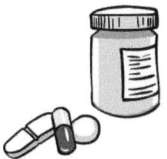

таблете

tabletki

пилула

protivozačatočnaâ tabletka

хитни позив

èkstrennyj vyzov

уређај за мерење притиска

pribor dlâ izmereniâ krovânogo davleniâ

болесно / здраво

bol'noj / zdorovyj

помоћ!

Pomogite!

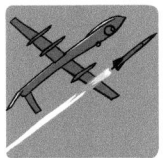

аларм

signal trevogi

насртај

napadenie

напад

ataka

опасност

opasnost'

излаз у случају нужде

zapasnoj vyhod

пожар!

Požar!

противпожарни апарат

ognetušytel'

незгода

nesčastnyj slučaj

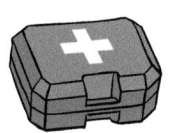

кутија прве помоћи

aptečka

сос

SOS

полиција

milicyâ

Европа

Evropa

Северна Америка

Severnaâ Amerika

Јужна Америка

Ûžnaâ Amerika

Африка

Afrika

Азија

Aziâ

Аустралија

Avstraliâ

Атлантик

Atlantičeskij okean

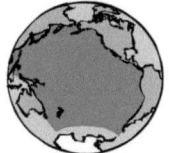

Пацифик

Tihij okean

Индијски океан

Indijskij okean

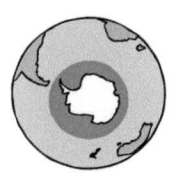

Антарктички океан

Antarktičeskij okean

Арктички океан

Severnyj Ledovityj okean

Северни рол

Severnyj polûs

Јужни рол

Ûžnyj polûs

Антарктик

Antarktika

земља

zemlâ

земља

suša

море

more

оток

ostrov

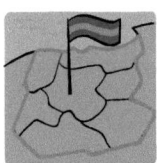

нација

nacyâ

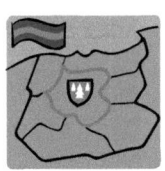

држава

gosudarstvo

бројчаник сата

cyferblat

сатна казаљка

časovaâ strelka

минутна казаљка

minutnaâ strelka

секундна казаљка

sekundnaâ strelka

Колико је сати?

Kotoryj čas?

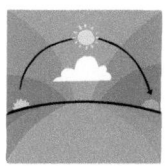

дан

den'

време

vremâ

сада

sejčas

дигитални сат

èlektronnye časy

минута

minuta

час

čas

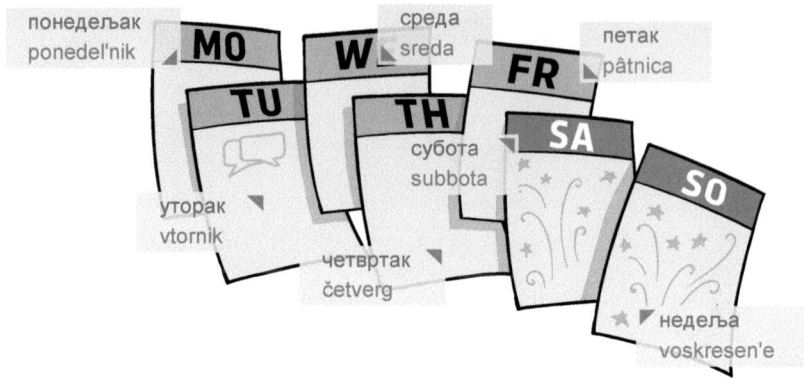

понедељак
ponedel'nik

среда
sreda

петак
pâtnica

MO
TU
W
TH
FR
SA
SO

уторак
vtornik

субота
subbota

четвртак
četverg

недеља
voskresen'e

jуче

včera

данас

segodnâ

сутра

zavtra

jутро

utro

подне

polden'

вече

večer

MO	TU	WE	TH	FR	SA	SU
1	2	3	4	5	6	7
8	9	10	11	12	13	14
15	16	17	18	19	20	21
22	23	24	25	26	27	28
29	30	31	1	2	3	4

радни дани

rabočie dni

MO	TU	WE	TH	FR	SA	SU
1	2	3	4	5	6	7
8	9	10	11	12	13	14
15	16	17	18	19	20	21
22	23	24	25	26	27	28
29	30	31	1	2	3	4

викенд

vyhodnye

година

god

киша
dožd'
дуга
raduga
ветар
veter
снег
sneg
пролеће
vesna
јесен
osen'
лето
leto
зима
zima

4.APRIL 11°
5.APRIL 4°
6.APRIL 13°
7.APRIL 8°
8.APRIL 10°

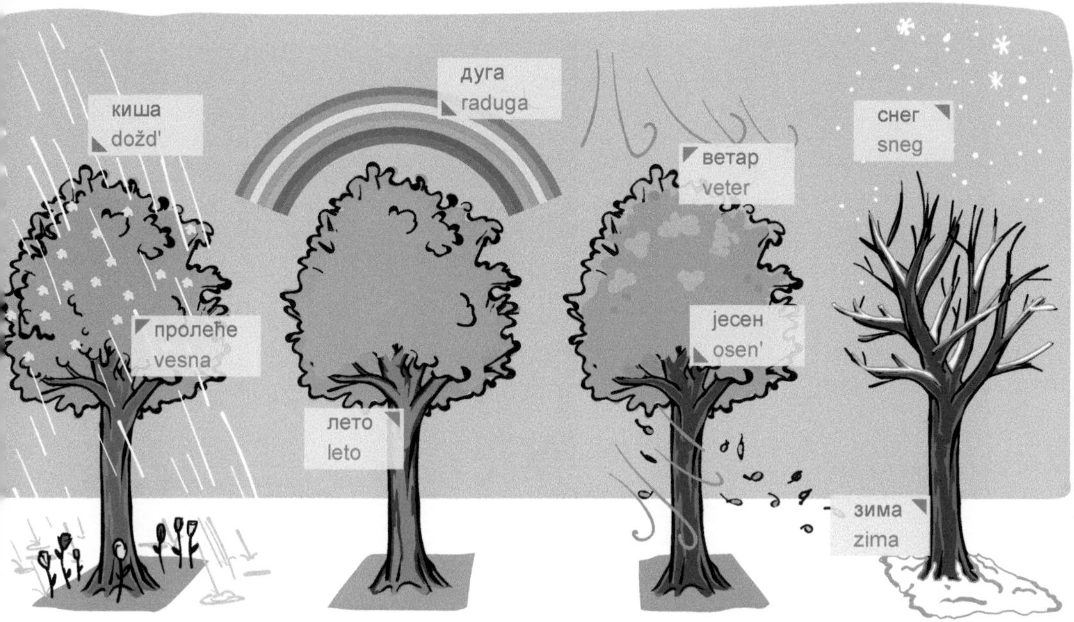

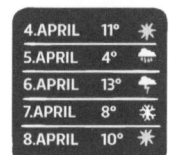

метеоролошка прогноза

prognoz pogody

F C
120 40
90 30
60 20
30 10
0 0
-30 -10
-20

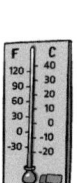

термометар

termometr

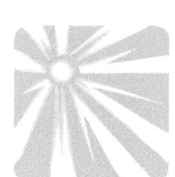

сунчана светлост

solnečnyj svet

облак

tuča

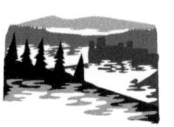

магла

tuman

влажност ваздуха

vlažnost' vozduha

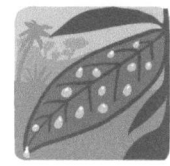

муња
molniâ

грмљавина
grom

олуја
burâ

туча
grad

монсун
musson

поплава
navodnenie

лед
lëd

јануар
ânvar'

фебруар
fevral'

март
mart

април
aprel'

мај
maj

јуни
iûn'

јули
iûl'

август
avgust

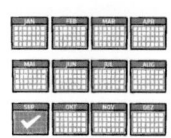

септембар

sentâbr'

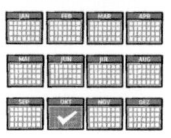

октобар

oktâbr'

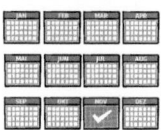

новембар

noâbr'

децембар

dekabr'

облици
formy

круг

krug

квадрат

kvadrat

правоугао

prâmougol'nik

троугао

treugol'nik

кугла

šar

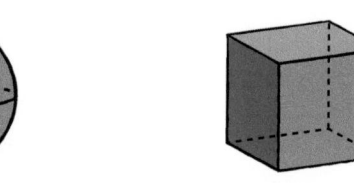
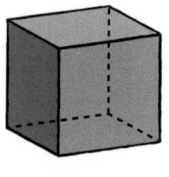

коцка

kub

бела

belyj

жута

želtyj

наранџаста

oranževyj

ружичаста

rozovyj

црвена

krasnyj

љубичаста

lilovyj

плава

sinij

зелена

zelënyj

смеђа

koričnevyj

сива

seryj

црна

černyj

много / мало

mnogo / malo

љутито / мирно

ârostnyj / mirnyj

лепо / ружно

krasivyj / urodlivyj

почетак / крај

načalo / konec

велико / малено

bol'šoj / malen'kij

светло / тамно

svetlyj / temnyj

брат / сестра

brat / sestra

чисто / прљаво

čistyj / grâznyj

потпуно / непотпуно

polnyj / nepolnyj

дан / ноћ

den' / noč'

мртво / живо

mërtvyj / žyvoj

широко / уско

šyrokij / uzkij

јестиво / нејестиво

s"edobnyj / nes"edobnyj

зло / добро

zloj / druželûbnyj

узбуђено / досадно

vzvolnovannyj / skučaûŝij

дебело / мршаво

tolstyj / hudoj

на почетку / на крају

snačala / v konce

пријатељ / непријатељ

drug / vrag

пуно / празно

polnyj / pustoj

тврдо / мекано

tvërdyj / mâgkij

тешко / лагано

tâžëlyj / legkij

глад / жеђ

golod / žažda

болесно / здраво

bol'noj / zdorovyj

илегално / легално

nezakonnyj / zakonnyj

паметно / глупо

umnyj / glupyj

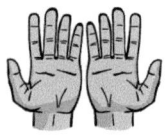

лево / десно

sleva / sprava

близу / далеко

blizko / daleko

ново / половно

novyj / poderžannyj

ништа / нешто

ničto / nečto

старо / младо

staryj / molodoj

укључено / искључено

vklûčeno / vyklûčeno

отворено / затворено

otkryto / zakryto

тихо / гласно

tiho / gromko

богато / сиромашно

bogatyj / bednyj

тачно / погрешно

pravil'nyj / nepravil'nyj

храпаво / глатко

šerohovatyj / gladkij

тужно / сретно

pečal'nyj / sčastlivyj

кратко / дуго

korotkij / dlinnyj

полако / брзо

medlennyj / bystryj

мокро / сухо

mokryj / suhoj

топло / хладно

tëplyj / prohladnyj

рат / мир

vojna / mir

0

нула

nol'

1

један

odin

2

два

dva

3

три

tri

4

четири

četyre

5

пет

pât'

6

шест

šest'

7

седам

sem'

8

осам

vosem'

9

девет

devât'

10

десет

desât'

11

једанаест

odinnadcat'

12

дванаест

dvenadcat'

13

тринаест

trinadcat'

14

четрнаест

četyrnadcat'

15

петнаест

pâtnadcat'

16

шестнаест

šestnadcat'

17

седамнаест

semnadcat'

18

осамнаест

vosemnadcat'

19

деветнаест

devâtnadcat'

20

двадесет

dvadcat'

100

стотину

sto

1.000

хиљаду

tysâča

1.000.000

милион

million

енглески

anglijskij

амерички енглески

amerikanskij anglijskij

мандарински кинески

mandarinskij kitajskij

хиндски

hindi

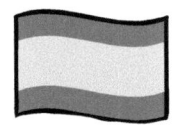

шпански

ispanskij

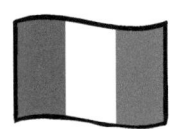

француски

francuzskij

арапски

arabskij

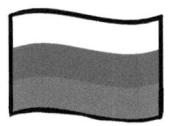

руски

russkij

португалски

portugal'skij

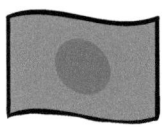

бенгалски

bengal'skij

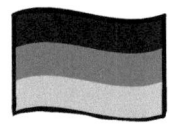

немачки

nemeckij

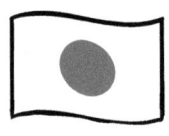

јапански

âponskij

ja
â

ти
ty

он / она / оно
on / ona / ono

ми
my

ви
vy

они
oni

Ко?
kto?

Шта?
čto?

Како?
kak?

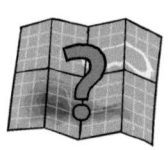

Где?
gde?

Када?
kogda?

име
imâ

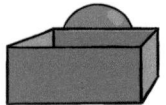

иза

za

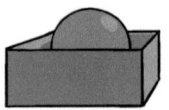

у

v

испред

pered

преко

nad

на

na

испод

pod

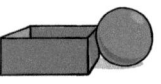

поред

râdom

између

meždu

место

mesto